U0010222

從 現 在
開 始 了 解

JUST US GIRLS

媽 咪 和 我 的
交 換 日 記

BRANDI RILEY 布蘭蒂‧萊麗 ●著　　強雅貞 FION ●插圖　　梁若瑜 ●譯

這是關係中最幸福的聯繫……

特別的簡答式引子，真的能充當一扇窗，讓個性都很強硬的女兒與我，轉而能像朋友一樣，藉由書裡的引子軟性地開啟聊天話題，進而更了解彼此。

——插畫家／作家 **強雅貞 FION**

每天一點點，靠近一點點。這是一本小書，從現在開始，成為媽媽與女兒的小祕密，有一天她出嫁了，這就是與媽媽一起的成長回憶，無限甜蜜。

——作家／編劇 **劉中薇**

你是否感覺，隨著孩子年紀增長，彼此對話的內容越來越短？好像感覺進不到孩子的心，摸不著他們在想什麼。但他們跟朋友講話時，卻滔滔不絕？身為父母，我很想知道該怎麼跟孩子對話，能問他們什麼問題可以讓對話更深入。我很喜歡這本書設計的問答題，生活化之外，還兼具思考與啟發性，利用交換日記的書寫方式，打開親子的對話。這些問題像一把開啟親子關係的鑰匙，引導親子雙方更深入地對談、更了解彼此。真心推薦！

——繪本作家 **龐雅文**

你還在煩惱，不知道和孩子聊什麼嗎？書中的提問，像開啟了無數的窗，讓親子之間，透過書寫與文字的交流，彼此走進了各自的生命世界。不需要煩惱，一定要有什麼標準的答案，卻值得我們好好品味，這份細膩的了解。

——王意中心理治療所 所長／臨床心理師 **王意中**

文字，總帶有一種溫暖，母女間能用文字表達愛，這種溫暖更能進入彼此的心中。想當女兒一輩子最好的朋友嗎？和她敞開心胸用文字交流吧，妳會發現，妳寫出來的、她所表達的，竟成了關係中最幸福的聯繫！

——媽媽經創辦人 **林家麟**

生下孩子後，你是否許下承諾，要當孩子這輩子最好的朋友？那麼，從「交換日記」練習表達情感開始吧！這本交換日記，讓你能夠記錄和女兒的相處情形，以及對彼此的想法，親子關係將更加緊密。

——嬰兒與母親雜誌總編輯 **江桂香**

我正在為不主動分享學校生活的孩子困擾著，問太多又怕被嫌煩。誰不想跟女兒當朋友，但每次一開口就會產生距離，多虧這本引導式日記解救了我們，讓我們有說不完的話題，而且寫著寫著，就發現孩子也更願意在日記內主動和我分享大小事，在這本書裡讓我們找到彼此心靈交流的祕密基地，超推薦想和孩子當朋友的爸媽和孩子從交換日記開始。

——媽咪不媽咪部落格版主 **翁馨儀**

讀・者・試・讀・推・薦

女兒剛適應了學校生活，開始與我分享校園裡的點滴，但仍有不想談論的話題，若能將心底話透過交換日記來表達，親子關係必定更加緊密。

—— **蝦米**（女兒4歲）

我的記性很差，很想把有關於女兒的成長都記錄下來，我建立一個信箱，天天寫信給女兒，期待她長大收到信的那天，更期待她的回信。

—— **芮尼**（女兒1歲2個月）

一位媽媽的故事

得知自己即將成為人母的那一刻，我對當下情景記得非常清楚。我淚流滿面，當時我自己的母親也在場，我告訴她：「我要當女兒這輩子最好的朋友！」十多年後的今天，我想這個承諾，我信守得相當不錯。

我知道我媽媽已經盡力了。她結婚生子時年紀還很輕，撫養我長大的同時，她自己也還在摸索怎麼當個大人。似乎從來就沒有什麼適當的時機，能讓我聊聊自己的各種心事，而我又是個害羞的小孩，很怕給別人添麻煩。我媽媽和我實在不能說是一對感情很親密的母女。

世上並沒有任何說明書教妳如何和女兒溝通，尤其她越來越成熟，而妳身為她的媽媽，教養方式也需要越來越細膩。比方說，我女兒之前年紀比較小的時候，就算她問些明確的問題，我用籠統含糊的回答也能輕鬆帶過。現在她年紀比較大了，如果我不是針對她的問題具體回答，她其實聽得出來。我發現，需要做功課、要做很多功課，才能讓媽媽和女兒找到共同話題。

這種時候，日記就派上用場了。交換日記能減輕妳女兒成長過程中彼此溝通上的一些不確定感。

這幾年來，我女兒和我都在交換日記。我們輪流各自寫內容，然後交換看。每天晚上，我們都會寫下自己的一些想法和感受。我們不太在意遣辭用句夠不夠精確，或字跡夠不夠端正。我們唯一想要的是更認識彼此。

不算太久以前，我女兒跟我說，她很喜歡和我交換日記，但我們寫日記時間越久，她就越想不出要說些什麼。這我很能體會，因為我也有同感呀！於是我們一起坐下來，想了十幾個問題當作話題引子，然後藉由這樣繼續認識彼此。這本日記讓人不用再想破頭找話題，妳們可以把注意力全部用來建立感情，讓彼此變得更親密。

既然妳們即將開始一起寫妳們自己的日記，我想鼓勵妳們要真的敞開心胸，要對彼此開誠布公。請盡量每一題都作答，作答時也別有所保留。我必須先提醒妳們——有時候妳們可能會寫日記寫得比較勤，有時候可能沒那麼勤。別因為這樣就氣餒。只要每個月都撥出時間重新設定自己的期許，並想清楚自己打算用什麼方式守住完成日記的初衷就好了。

我的希望是妳們能利用這本日記，對彼此產生新發現。我想讓妳們讚嘆彼此竟然有這麼多共通點，並讓彼此的差異激發出新靈感。到了這一年的尾聲，妳們之間的關係將更上一層樓，妳們倆也將比以前都更親密。

一年的時間內，一個媽媽和一個女兒之間各種事都有可能發生。生活的變化很快，尤其是在青少年時期。就是因為這樣，這本一年分的日記才更顯得特別。妳們將會發現，比起這趟旅程一開始的時候，一年後的妳們簡直有如脫胎換骨。而最棒的部分是什麼呢？妳們的日記已經替妳們統統記錄下來了，未來每年都可以再拿出來回味。

——布蘭蒂・萊麗

我很喜歡和我媽媽寫交換日記。我能趁這個機會說出自己的想法。
假如我有心事，就能講出自己的感受。
書寫是表達感受的一種好方法，假如我們有情緒想發洩，
可以發洩在紙上。

——愛娃・萊麗，十歲

暖身預備

耶！妳們真的要開始了！一起寫日記，能讓妳們透過問一些平常可能不會去問的問題，對彼此產生新的認識。我相信這段經驗能讓妳們變得更親近。我女兒和我確實因為這樣而變得更親近了。

這本日記是一種實質的互動，能記錄妳們母女的相處情形。有很充裕的空間供妳們寫下每天的想法。簡答式的話題引子，可以充當一扇窗，讓妳們看到各自的想法；申論式的問題，則能為妳們雙方都有興趣的主題，帶來更深入討論的機會。除此之外，還有非常多隨意書寫的頁面，妳們可以進一步闡述自己的回答內容，或聊聊其他妳們認為重要的議題。

我希望這些話題引子——有些輕鬆有趣，有些引人深思——能幫助妳們了解彼此的希望和夢想、分享關於家裡和交朋友的一些想法，以及探索妳們雙方都擁有的一些特殊技能和強項。在交換日記這一年的一開始，就在「展開這一年」區，先設定一些期望吧！到了這一年的尾聲，「回顧這一年」區，將能讓妳們回顧妳們學到關於彼此的所有事情。

如果想讓這本日記發揮最大效益：

請慢慢來。請別覺得才第一個星期就必須趕著寫完當月的各項題目。寫這本日記的任何時候，如果妳需要多一點時間，只要告知一下對方就行了。

傾聽時請別批判。關於彼此，妳們將學到一些之前從來不知道的事情，妳們的某些看法可能有所不同。請保持開明的態度，尊重彼此的差異。

請誠實。請別覺得自己必須隱瞞什麼或有所保留。交換日記正是一次隨心所欲對彼此暢所欲言的機會。統統說出來吧。

有話請好好說。誠實的時候，依然可以保持尊重的態度。妳們有沒有聽過一句俗話叫「用蜂蜜比用醋更容易引來飛蠅」？書寫較硬的主題時，運用語氣和善的文字，能讓這訊息或提問，更容易被對方所接受喔。

擬一套遠距方案。假如妳們其中一方正在外旅行，或妳們並不住在一起，可以事先挑出想寫的題目，再把內容透過電子郵件或紙本信件寄給彼此。妳們甚至可以用簡訊傳送妳們的回答內容。通電話或影音視訊時，利用這些話題引子當聊天話題，也會很好玩。

依自己的需求調整這本日記。假如妳們覺得日記中的指引提示不適合妳們，歡迎盡情調整，好讓這段體驗更適用於妳們。畢竟這是妳們的日記和妳們的體驗。我很希望妳們在這趟旅途上玩得開心呀！

展開這一年

‑›››‑‑‹‹‹‑

開始之前，我鼓勵妳們撥點時間一起坐下來，
一一列出妳們打算怎樣來運用這本日記。弄清楚
交換日記的定位後，妳們倆一定都會很高興。請
誠實回答這些問題。記得把妳們平常需要做的其
他事情也考慮進去，這樣妳們對彼此的期待才會
切合實際。一旦回答完這些問題後，妳們就完成
準備了，可以開始囉！

我們於_____年_____月_____日

一起開始寫這本日記

❀

來一張我們在這一年一開始的圖畫或合照

1. 我們為什麼要一起寫這本日記呢？

....

....

....

2. 我們打算在什麼時間寫這本日記？會每天寫嗎？還是每星期一次？

....

....

....

3. 我們每一次書寫，需要多少時間呢？

....

....

....

4. 我們要規劃事後討論的時間嗎？

....

....

....

5. 我們打算依照日記中的順序寫，還是會跳來跳去呢？

....

....

....

6. 我們打算怎樣決定要寫哪些題目，和什麼時候要寫完呢？

....

....

....

7. 如果我們需要更多書寫空間，可以怎麼做呢？

....

....

....

8. 我們希望透過寫這日記，多認識彼此的哪些方面呢？

....

....

....

For You...

MONTH

1

....

....

....

....

- 關於我自己，我最喜歡的一件事情是：

  ....

  ....

- 妳看得出我在耍寶，因為我會：

  ....

  ....

- 假如妳想要讓我笑到彎腰，妳可以這麼做：

  ....

  ....

- 我難過的時候，我會：

  ....

  ....

- 這個星期以來，我一直很擔心這件事：

  ....

  ....

媽咪

● 關於我自己，我最喜歡的一件事情是：

....

....

● 妳看得出我在耍寶，因為我會：

....

....

● 假如妳想要讓我笑到彎腰，妳可以這麼做：

....

....

● 我難過的時候，我會：

....

....

● 這個星期以來，我一直很擔心這件事：

....

....

女兒

● 哪件關於妳的事，妳認為我應該不知道？

媽咪

● 哪件關於妳的事，妳認為我應該不知道？

女兒

● 關於妳，我想了解的三件事：

1.
....

2.
....

3.
....

● 關於妳想了解的這些事，我的回答是：

....

....

....

....

....

....

....

....

....

....

媽咪

● 關於妳，我想了解的三件事：

1.

2.

3.

● 關於妳想了解的這些事，我的回答是：

女兒

● 我真的很擅長這件事：

....

....

● 這件事我做得不錯，但並不喜歡做：

....

....

● 我希望自己能有更多時間來做這件事：

....

....

● 接下來這一年，我的兩大目標是：

....

....

● 我打算這樣來完成這兩個目標：

....

....

媽咪

- 我真的很擅長這件事：

- 這件事我做得不錯，但並不喜歡做：

- 我希望自己能有更多時間來做這件事：

- 接下來這一年，我的兩大目標是：

- 我打算這樣來完成這兩個目標：

女兒

● 形容一下妳平常一天都是怎麼過的吧！

● 不需要忙事情的空檔時，妳最喜歡怎麼度過？

媽咪

◉ 形容一下妳平常一天都是怎麼過的吧！

◉ 不需要忙事情的空檔時，妳最喜歡怎麼度過？

女兒

● 妳得知自己即將當媽媽的時候，有什麼感受？

媽咪

● 我身為媽媽，以前做過哪個決定是妳不認同的嗎？換作是妳，妳會怎麼做呢？

女兒

隨意寫寫

媽咪

隨意寫寫

女兒

MONTH

2

....

....

....

....

● 身為一個大人，到底是什麼感覺？妳喜歡哪些部分，不喜歡哪些部分呢？

● 關於妳寫的有關小女生的內容，我的感想是：

媽咪

● 身為這年頭的一個小女生，是什麼感覺？妳喜歡哪些部分，不喜歡哪些部分呢？

....

....

....

....

....

....

....

● 關於妳寫的有關大人的內容，我的感想是：

....

....

....

....

....

....

....

....

女兒

● 假如我能夠替我們的母女關係增加一項優點，那會是_____

　　因為：

● 假如能夠由妳來規劃我們共度的完美一天，這一天會是什麼模樣？

● 最近這一星期，最讓我開心的一件事是：

● 時下社會，我最喜歡的一對母女檔是_____

　　因為：

媽咪

◎ 假如我能夠替我們的母女關係增加一項優點，那會是＿＿＿＿＿＿＿＿＿＿

因為：

◎ 假如能夠由妳來規劃我們共度的完美一天，這一天會是什麼模樣？

● 最近這一星期，最讓我開心的一件事是：

◎ 時下社會，我最喜歡的一對母女檔是＿＿＿＿＿＿＿＿＿＿＿＿＿＿＿＿＿

因為：

女兒

● 更有錢，還是更多朋友。妳會選哪一種？怎麼說？

....

....

....

....

....

....

....

● 一想到未來，我就覺得_____

因為：

....

....

....

....

....

....

媽咪

- 更有錢，還是更多朋友。妳會選哪一種？怎麼說？

....

....

....

....

....

....

....

- 一想到未來，我就覺得_____

因為：

....

....

....

....

....

....

女兒

● 形容一下妳平常一天都是怎麼過的吧。

● 不需要忙事情的空檔時，妳最喜歡怎麼度過？

媽咪

● 形容一下妳平常一天都是怎麼過的吧。

● 不需要忙事情的空檔時，妳最喜歡怎麼度過？

女兒

- 我希望我能和我們家（族）裡的這個人＿＿＿＿＿＿＿＿＿＿＿＿＿＿＿＿＿
  變得更熟，因為：

媽咪

● 我希望我能和我們家（族）裡的這個人＿＿＿＿＿＿＿＿＿＿＿＿
　變得更熟，因為：

....

....

....

....

....

....

....

....

....

....

....

....

....

女兒

隨意寫寫

媽咪

隨意寫寫

女兒

MONTH

3

....

....

....

....

- 最近這段時間，我正在專心致力於完成這件事：

  ....

  ....

  ....

- 這件事讓我最近壓力很大：

  ....

  ....

  ....

- 聊聊妳最近讀過的一本好書或看過的一部好電影吧！

  ....

  ....

  ....

- 聊聊妳最近聽到的一件奇怪的事或有趣的事吧！

  ....

媽咪

最近這段時間，我正在專心致力於完成這件事：

....

....

....

這件事讓我最近壓力很大：

....

....

....

聊聊妳最近讀過的一本好書或看過的一部好電影吧！

....

....

....

聊聊妳最近聽到的一件奇怪的事或有趣的事吧！

....

....

....

女兒

● 有沒有什麼對妳而言很重要的事，是妳希望我也能重視的，我又能怎麼參與呢？

....

....

....

....

....

....

....

● 關於妳的回答，我的感想是：

....

....

....

....

....

....

....

....

媽咪

- 有沒有什麼對妳而言很重要的事，是妳希望我也能重視的，我又能怎麼參與呢？

- 關於妳的回答，我的感想是：

女兒

- 我嘗試過且覺得不喜歡的六件事：

    1.
    ....
    2.
    ....
    3.
    ....
    4.
    ....
    5.
    ....
    6.
    ....

- 我嘗試過且覺得喜歡的六件事：

    1.
    ....
    2.
    ....
    3.
    ....
    4.
    ....
    5.
    ....
    6.
    ....

媽咪

● 我嘗試過且覺得不喜歡的六件事：

1.
....

2.
....

3.
....

4.
....

5.
....

6.
....

● 我嘗試過且覺得喜歡的六件事：

1.
....

2.
....

3.
....

4.
....

5.
....

6.
....

女兒

● 要不是因為我必須工作和盡其他一些責任，真希望我可以一整天只做這件事：

....

....

....

....

● 當年在妳這個年紀的時候，我以為大人的世界應該像這樣：

....

....

....

....

● 長大成人後，我對這些事最感到意外：

....

....

....

媽咪

● 要不是因為我必須上學和盡其他一些責任，真希望我可以一整天只做這件事：

....

....

....

....

● 關於長大，我最喜歡這件事：

....

....

....

....

● 這些事情和我原本想像的不一樣：

....

....

....

....

女兒

● 妳覺得妳是個有夢想的人嗎？是，還是不是？怎麼說？

媽咪

● 妳覺得妳是個有夢想的人嗎？是，還是不是？怎麼說？

女兒

隨意寫寫

媽咪

隨意寫寫

女兒

MONTH

....

....

....

....

- 有沒有哪次，妳特別努力，結果妳的努力也得到了很好的回報？妳當時感覺如何？

....

....

....

....

....

....

- 妳小的時候有想過長大後要做什麼工作嗎？妳現在的工作，和妳小時候想像長大後會做的工作，是不一樣，還是很相近呢？

....

....

....

....

....

媽咪

● 有沒有哪次，妳特別努力，結果妳的努力也得到了很好的回報？妳當時感覺如何？

● 等妳長大後，想做什麼工作？妳想從工作中得到什麼樣的感覺呢？

女兒

● 假如妳能永遠當個小孩，或永遠當個大人，妳會選哪一種？為什麼呢？

媽咪

● 假如妳能永遠當個小孩，或永遠當個大人，妳會選哪一種？為什麼呢？

女兒

- 讓我很特別的六件事：

  1.
  ....
  2.
  ....
  3.
  ....
  4.
  ....
  5.
  ....
  6.
  ....

- 讓妳很特別的六件事：

  1.
  ....
  2.
  ....
  3.
  ....
  4.
  ....
  5.
  ....
  6.
  ....

媽咪

● 讓我很特別的六件事：

1.
....

2.
....

3.
....

4.
....

5.
....

6.
....

● 讓妳很特別的六件事：

1.
....

2.
....

3.
....

4.
....

5.
....

6.
....

女兒

● 如果有一部電影演我們的生活，演我的演員會是這一位：

....

● 如果有一部電影演我們的生活，演妳的演員會是這一位：

....

● 我很喜歡妳陪我一起做這件事：＿＿＿＿＿＿＿＿＿＿＿＿＿＿＿，
因為：

....

....

● 我們最近一起做過最開心的一件事情是：

....

....

● 除了和妳在一起，我也非常喜歡和＿＿＿＿＿＿＿＿＿＿＿＿＿＿
在一起，因為：

....

....

....

媽咪

● 如果有一部電影演我們的生活，演我的演員會是這一位：

....

● 如果有一部電影演我們的生活，演妳的演員會是這一位：

....

● 我很喜歡妳陪我一起做這件事：＿＿＿＿＿＿＿＿＿＿＿＿＿，
因為：

....

....

● 我們最近一起做過最開心的一件事情是：

....

....

● 除了和妳在一起，我也非常喜歡和＿＿＿＿＿＿＿＿＿＿＿＿
在一起，因為：

....

....

女兒

● 最近有誰讓妳想要對別人更和善？

....

● 他們做了什麼，或說了什麼，讓妳也想要以他們為榜樣呢？

....

....

....

....

....

● 聊聊妳對別人做過最暖心的一件事吧！

....

....

....

....

....

....

媽咪

● 最近有誰讓妳想要對別人更和善？

....

● 他們做了什麼，或說了什麼，讓妳也想要以他們為榜樣呢？

....

....

....

....

● 聊聊妳對別人做過最暖心的一件事吧！

....

....

....

....

....

....

女兒

隨意寫寫

媽咪

隨意寫寫

女兒

16, Rue Marie-Stuart
PARIS - 2e ar

MONTH

5

....

....

....

....

- 假如我是超級英雄，我的名字會叫做：

....

- 我的超能力會是：

....

- 我上次嘗試一件新事情時，我：

....

....

- 這件事讓我覺得很自豪：

....

....

....

- 如果能重新來過，我對這件事的做法會不一樣：

....

....

....

媽咪

- 假如我是超級英雄，我的名字會叫做：

....

- 我的超能力會是：

....

- 我上次嘗試一件新事情時，我：

....

....

- 這件事讓我覺得很自豪：

....

....

....

- 如果能重新來過，我對這件事的做法會不一樣：

....

....

....

女兒

● 替妳自己取個新名字吧！

....

● 妳喜歡妳的名字嗎？喜歡，還是不喜歡？怎麼說？假如不喜歡，妳會想換
  成什麼名字呢？

....

....

....

....

....

● 說說妳當初是怎麼替我取名字吧，為什麼會取這個名字呢？

....

....

....

....

....

媽咪

- 替妳自己取個新名字吧！

....

- 妳喜歡妳的名字嗎？喜歡，還是不喜歡？怎麼說？

....

....

....

....

....

....

- 假如妳當初能替自己取名字，妳會取什麼名字？為什麼？

....

....

....

....

....

女兒

● 妳做這件事時，會讓我聯想到我自己，因為：

....

....

....

....

....

....

....

● 我很希望自己小時候在這方面能更像妳，因為：

....

....

....

....

....

....

....

媽咪

● 妳做這件事時，會讓我聯想到我自己，因為：

....

....

....

....

....

....

● 我希望自己長大後在這方面能像妳一樣，因為：

....

....

....

....

....

....

....

女兒

● 妳是個很棒的女兒，因為：

媽咪

● 我很高興有妳當我媽媽，因為：

女兒

● 妳當母親後，有做過哪件事，是妳原本認為自己永遠不可能去做的？

....

....

....

....

● 妳怎麼會改變想法呢？

....

....

....

....

● 妳對這樣的改變有什麼感覺？

....

....

....

....

....

....

媽咪

● 妳最近對什麼事情改變了想法？

....

....

....

....

● 妳怎麼會改變想法呢？

....

....

....

....

● 妳對這樣的改變有什麼感覺？

....

....

....

....

....

....

女兒

隨意寫寫

媽咪

隨意寫寫

女兒

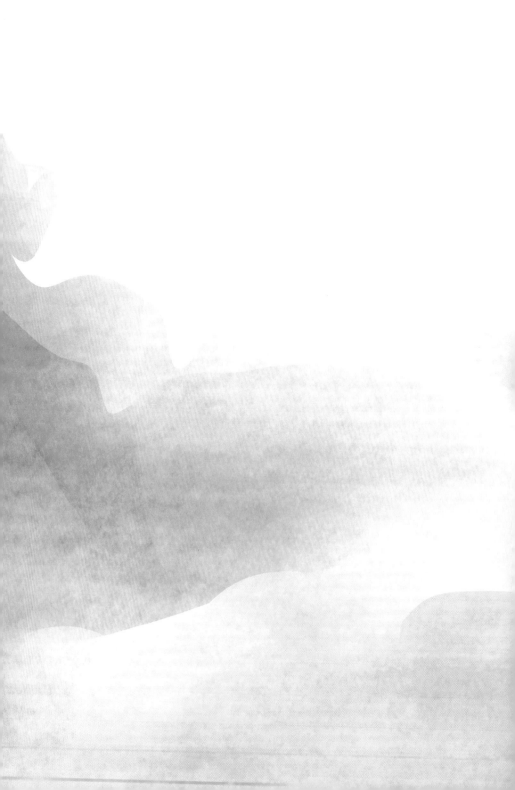

enjoy sweet.

MONTH

6

....

....

....

....

- 這星期以來，有哪件事情為妳帶來好心情？

....

....

....

- 哪件事情讓妳滿心期待？

....

....

....

....

- 下次生日，我想要的慶生方式是：

....

....

....

....

....

....

媽咪

● 這星期以來，有哪件事情為妳帶來好心情？

....

....

....

● 哪件事情讓妳滿心期待？

....

....

....

....

● 下次生日，我想要的慶生方式是：

....

....

....

....

....

....

女兒

● 妳比較喜歡身邊有很多人圍繞，還是比較喜歡自己獨處的時光？怎麼說？

● 妳覺得交朋友容易，還是不容易？怎麼說？

媽咪

● 妳比較喜歡身邊有很多人圍繞，還是比較喜歡自己獨處的時光？怎麼說？

● 妳覺得交朋友容易，還是不容易？怎麼說？

女兒

- 我最喜歡看的景象是＿＿＿＿＿＿＿＿＿＿＿＿＿＿＿＿＿＿＿＿＿＿＿＿

  因為：

  ....

  ....

- 我最喜歡聽的聲音是＿＿＿＿＿＿＿＿＿＿＿＿＿＿＿＿＿＿＿＿＿＿＿＿

  因為：

  ....

  ....

- 我最喜歡聞的氣味是＿＿＿＿＿＿＿＿＿＿＿＿＿＿＿＿＿＿＿＿＿＿＿＿

  因為：

  ....

  ....

- 我最喜歡嚐的味道是＿＿＿＿＿＿＿＿＿＿＿＿＿＿＿＿＿＿＿＿＿＿＿＿

  因為：

  ....

  ....

- 我永遠不可能割捨、具有濃濃情感的一件物品是＿＿＿＿＿＿＿＿＿＿＿＿

  因為：

  ....

  ....

  ....

媽咪

- 我最喜歡看的景象是＿＿＿＿＿＿＿＿＿＿＿＿＿＿＿＿＿＿＿＿＿＿＿

  因為：
  ＿＿＿＿＿＿＿＿＿＿＿＿＿＿＿＿＿＿＿＿＿＿＿＿＿＿＿＿＿＿＿

  ＿＿＿＿＿＿＿＿＿＿＿＿＿＿＿＿＿＿＿＿＿＿＿＿＿＿＿＿＿＿＿

- 我最喜歡聽的聲音是＿＿＿＿＿＿＿＿＿＿＿＿＿＿＿＿＿＿＿＿＿＿

  因為：
  ＿＿＿＿＿＿＿＿＿＿＿＿＿＿＿＿＿＿＿＿＿＿＿＿＿＿＿＿＿＿＿

  ＿＿＿＿＿＿＿＿＿＿＿＿＿＿＿＿＿＿＿＿＿＿＿＿＿＿＿＿＿＿＿

- 我最喜歡聞的氣味是＿＿＿＿＿＿＿＿＿＿＿＿＿＿＿＿＿＿＿＿＿＿

  因為：
  ＿＿＿＿＿＿＿＿＿＿＿＿＿＿＿＿＿＿＿＿＿＿＿＿＿＿＿＿＿＿＿

  ＿＿＿＿＿＿＿＿＿＿＿＿＿＿＿＿＿＿＿＿＿＿＿＿＿＿＿＿＿＿＿

- 我最喜歡嚐的味道是＿＿＿＿＿＿＿＿＿＿＿＿＿＿＿＿＿＿＿＿＿＿

  因為：
  ＿＿＿＿＿＿＿＿＿＿＿＿＿＿＿＿＿＿＿＿＿＿＿＿＿＿＿＿＿＿＿

  ＿＿＿＿＿＿＿＿＿＿＿＿＿＿＿＿＿＿＿＿＿＿＿＿＿＿＿＿＿＿＿

- 我永遠不可能割捨、具有濃濃情感的一件物品是＿＿＿＿＿＿＿＿＿＿

  因為：
  ＿＿＿＿＿＿＿＿＿＿＿＿＿＿＿＿＿＿＿＿＿＿＿＿＿＿＿＿＿＿＿

  ＿＿＿＿＿＿＿＿＿＿＿＿＿＿＿＿＿＿＿＿＿＿＿＿＿＿＿＿＿＿＿

  ＿＿＿＿＿＿＿＿＿＿＿＿＿＿＿＿＿＿＿＿＿＿＿＿＿＿＿＿＿＿＿

女兒

● 假如妳的朋友要向不認識妳的人描述妳，他們會怎麼描述妳呢？

....

....

....

....

....

....

● 聊聊妳小時候遇過最糗的一件事吧！

....

....

....

....

....

....

....

媽咪

● 假如妳的朋友要向不認識妳的人描述妳，他們會怎麼描述妳呢？

● 聊聊妳在妳朋友面前出糗的糗事吧！

女兒

隨意寫寫

媽咪

隨意寫寫

女兒

For you..

MONTH

7

....

....

....

....

- 我最好的朋友是這些人：_____

  因為：
  ....
  ....
  ....

- 我交朋友時，最重視朋友的這些優點：
  ....
  ....
  ....
  ....
  ....

- 我希望藉由這些方式，當一個更好的朋友：
  ....
  ....
  ....
  ....
  ....
  ....

媽咪

● 我最好的朋友是這些人：_____

　因為：

● 我交朋友時，最重視朋友的這些優點：

● 我希望藉由這些方式，當一個更好的朋友：

女兒

● 妳在我這個年紀時，和妳媽媽在相處上是怎樣的情形？

● 我認識最久的朋友是＿＿＿＿＿＿＿＿＿＿＿＿＿＿＿＿＿＿
　我們之所以能當朋友這麼久，有幾個原因：

媽咪

● 妳會怎麼向不認識我們的人，形容我們之間的相處情形？

....

....

....

....

....

....

....

....

● 我認識最久的朋友是_____

　我們之所以能當朋友這麼久，有幾個原因：

....

....

....

....

....

....

....

女兒

● 以下是別人對我的一些誤解：

_____

_____

_____

_____

_____

● 這讓我覺得：

_____

_____

_____

_____

● 我希望別人對我的這件事能有更正確的了解：

_____

_____

_____

_____

_____

媽咪

● 以下是別人對我的一些誤解：

_____
_____
_____
_____
_____

● 這讓我覺得：

_____
_____
_____
_____

● 我希望別人對我的這件事能有更正確的了解：

_____
_____
_____
_____
_____

女兒

● 我做過最調皮搗蛋的一件事是：

● 妳為什麼要做這件事？後來有什麼不好的後果嗎？如果有，是什麼樣的後果？

媽咪

- 我做過最調皮搗蛋的一件事是：

....

....

....

- 妳為什麼要做這件事？後來有什麼不好的後果嗎？如果有，是什麼樣的後果？

....

....

....

....

....

....

....

....

....

....

....

....

女兒

● 哪件事是妳希望能有重新來過的機會，怎麼說？

● 妳會有什麼樣不同的做法？

媽咪

● 哪件事是妳希望能有重新來過的機會，怎麼說？

....

....

....

....

....

....

....

● 妳會有什麼樣不同的做法？

....

....

....

....

....

....

....

女兒

隨意寫寫

媽咪

隨意寫寫

女兒

MONTH

8

....

....

....

....

- 我最喜歡我們之間的這件「必做的事」 _____
  因為：

  ....

  ....

  ....

- 妳覺得上班和上學會減少「我們的相處時光」嗎？會，還是不會？怎麼說？

  ....

  ....

  ....

- 如果想增加我們相處的時光，我建議可以這麼做：

  ....

  ....

  ....

  ....

  ....

  ....

  ....

媽咪

- 我最喜歡我們之間的這件「必做的事」＿＿＿＿＿＿＿＿＿＿＿＿＿＿＿＿＿＿
  因為：

  ....

  ....

  ....

- 妳覺得上班和上學會減少「我們的相處時光」嗎？會，還是不會？怎麼說？

  ....

  ....

  ....

- 如果想增加我們相處的時光，我建議可以這麼做：

  ....

  ....

  ....

  ....

  ....

  ....

  ....

女兒

● 妳這麼做的時候，有時會讓我很傷心：

● 每次我們意見不同，我就覺得：

● 要是我們吵架，我最喜歡用這種方式和好：

媽咪

● 妳這麼做的時候，有時會讓我很傷心：

....

....

....

....

....

● 每次我們意見不同，我就覺得：

....

....

....

....

● 要是我們吵架，我最喜歡用這種方式和好：

....

....

....

....

....

....

● 聊聊妳和熟人吵架的經驗吧！那次為什麼會意見不同，後來又是怎麼化解紛爭呢？

媽咪

● 聊聊妳和熟人吵架的經驗吧！那次為什麼會意見不同，後來又是怎麼化解
　紛爭呢？

女兒

● 假如每個人都歸我所管，我會制定這些法規：

....
....
....
....
....
....
....

● 假如妳有一千萬元，必須在一天內花完，妳會怎麼花？

....
....
....
....
....
....
....

媽咪

- 假如每個人都歸我所管，我會制定這些法規：

- 假如妳有一千萬元，必須在一天內花完，妳會怎麼花？

女兒

跟我聊聊我們家族裡，某個我不認識或不太熟的人吧！

媽咪

- 跟我聊聊某個我不認識或不太熟的朋友或老師吧！

女兒

隨意寫寫

媽咪

隨意寫寫

女兒

MONTH
9

....

....

....

....

● 這些是我口袋名單上的一些書籍、電視節目、電影和活動：

媽咪

- 這些是我口袋名單上的一些書籍、電視節目、電影和活動：

女兒

● 媽媽和女兒能當好朋友嗎？可以，還是不行？怎麼說？

● 關於妳對媽媽和女兒當好朋友所寫的內容，以下是我的想法：

媽咪

- 媽媽和女兒能當好朋友嗎？可以，還是不行？怎麼說？

- 關於妳對媽媽和女兒當好朋友所寫的內容，以下是我的想法：

女兒

● 假如我能不當人類，我想當_____
　因為：

....

....

....

● 妳會想和我交換身分嗎？想，還是不想？怎麼說？

....

....

....

....

....

● 假如我們交換身分了，我會做這些事：

....

....

....

....

媽咪

- 假如我能不當人類，我想當_____

  因為：

  ....

  ....

  ....

- 妳會想和我交換身分嗎？想，還是不想？怎麼說？

  ....

  ....

  ....

  ....

  ....

- 假如我們交換身分了，我會做這些事：

  ....

  ....

  ....

  ....

  ....

女兒

● 此時此刻，我覺得很感恩的十件事：

1.

2.

3.

4.

5.

6.

7.

8.

9.

10.

媽咪

● **此時此刻，我覺得很感恩的十件事：**

1.
....

2.
....

3.
....

4.
....

5.
....

6.
....

7.
....

8.
....

9.
....

10.
....

女兒

● 聊聊妳第一次談戀愛時的事吧！

....

....

....

....

....

....

....

● 關於約會和戀愛，妳希望我知道哪些事？

....

....

....

....

....

....

....

....

媽咪

● 妳會和妳朋友聊約會的事嗎？妳們都聊些什麼呢？關於約會和戀愛，妳想知道些什麼呢？

女兒

隨意寫寫

媽咪

隨意寫寫

女兒

MONTH

10

....

....

....

....

● 假如我們倆一起主持脫口秀，這節目名稱會是

_____，我們的主題曲聽起來會像：

....

....

....

● 妳覺得我夠重視妳嗎？夠，還是不夠？怎麼說？

....

....

● 我怎麼做，能更讓妳覺得我很重視妳？

....

....

....

● 下次我們共度一天的時候，來做這件事吧：

....

....

....

媽咪

● 假如我們倆一起主持脫口秀，這節目名稱會是

_____，我們的主題曲聽起來會像：

....

....

....

● 妳覺得我夠重視妳嗎？夠，還是不夠？怎麼說？

....

....

● 我怎麼做，能更讓妳覺得我很重視妳？

....

....

....

● 下次我們共度一天的時候，來做這件事吧：

....

....

....

女兒

● 假如妳競選總統，妳會提出哪些政見？

....

....

....

....

● 妳心中最重要的一個社會議題是哪個？妳為什麼這麼在乎這件事呢？

....

....

....

....

....

● 假如我現在就能改變我們這個世界的某件事，會是哪件事呢？

....

....

....

....

....

媽咪

● 假如妳競選總統，妳會提出哪些政見？

....

....

....

....

● 妳心中最重要的一個社會議題是哪個？妳為什麼這麼在乎這件事呢？

....

....

....

....

....

● 假如我現在就能改變我們這個世界的某件事，會是哪件事呢？

....

....

....

....

....

女兒

● 別人給過妳最好的一個忠告是什麼？給妳這個忠告的人是誰呢？

....
....
....
....

● 這個忠告，妳有身體力行嗎？

....
....
....
....
....
....
....
....
....
....

媽咪

● 別人給過妳最好的一個忠告是什麼？給妳這個忠告的人是誰呢？

● 這個忠告，妳有身體力行嗎？

女兒

● 聊聊妳有沒有因為自己的性別，而受過差別待遇吧！當時妳有什麼感受，
又是如何回應呢？

● 妳會希望自己當時以不同的方式回應嗎？是的話，妳會怎麼回應呢？

媽咪

● 妳有沒有因為自己的性別，而受過差別待遇呢？如果有，當時妳有什麼感
  受，又是如何回應呢？

....

....

....

....

● 如果沒有，對於妳因為自己的性別而受到差別待遇，妳覺得妳可能會有什
  麼樣的感受，又可能會如何回應呢？

....

....

....

....

....

....

....

....

女兒

● 假如妳能回到過去，可以告訴任何事情給從前的妳，那會是什麼事？為什麼是這件事呢？

媽咪

● 妳最近學到了什麼心得，是妳覺得將來長大後能真的
　對妳有幫助的？為什麼覺得會有幫助呢？

女兒

隨意寫寫

媽咪

隨意寫寫

女兒

MONTH

11

....

....

....

....

● 假如我必須去荒島上生活，我會帶這四樣東西：

   1.
   ....

   2.
   ....

   3.
   ....

   4.
   ....

● 假如我後半輩子只能吃三種食物，會是這三種食物：

   1.
   ....

   2.
   ....

   3.
   ....

● 假如我能不必太當真，而到四種行業玩票打工，會是這四種行業：

   1.
   ....

   2.
   ....

   3.
   ....

   4.
   ....

媽咪

- 假如我必須去荒島上生活，我會帶這四樣東西：

    1.

    2.

    3.

    4.

- 假如我後半輩子只能吃三種食物，會是這三種食物：

    1.

    2.

    3.

- 假如我能不必太當真，而到四種行業玩票打工，會是這四種行業：

    1.

    2.

    3.

    4.

女兒

聊聊妳在某件事情上出錯的經驗吧！當時是什麼情形？妳是怎麼處理的？妳發現自己弄錯了以後，做了什麼事呢？

媽咪

● 聊聊妳沒能妥善處理一件事的經驗吧！當時發生了什麼事？如果重新來過，
  妳會有怎樣不同的做法？

女兒

- 我自傳的書名會是：

  ....

- 我希望和這位名人交換身分：

  ....

- 到目前為止，我最喜歡的年紀是 _____
  因為：

  ....

  ....

  ....

- 我收過最棒的禮物是 _____
  因為：

  ....

  ....

  ....

  ....

  ....

媽咪

- 我自傳的書名會是：

....

- 我希望和這位名人交換身分：

....

- 到目前為止，我最喜歡的年紀是 _____
  因為：

....

....

....

- 我收過最棒的禮物是 _____
  因為：

....

....

....

....

....

女兒

● 妳從我身上學到過哪件事，但妳從來沒告訴過我？

● 這是我從妳身上學到的事：

媽咪

● 妳從我身上學到過哪件事，但妳從來沒告訴過我？

....

....

....

....

....

....

....

● 這是我從妳身上學到的事：

....

....

....

....

....

....

....

女兒

● 聊聊妳遇過最神奇或最出乎意料的一段經驗吧！

媽咪

● 聊聊妳遇過最神奇或最出乎意料的一段經驗吧！

女兒

隨意寫寫

媽咪

隨意寫寫

女兒

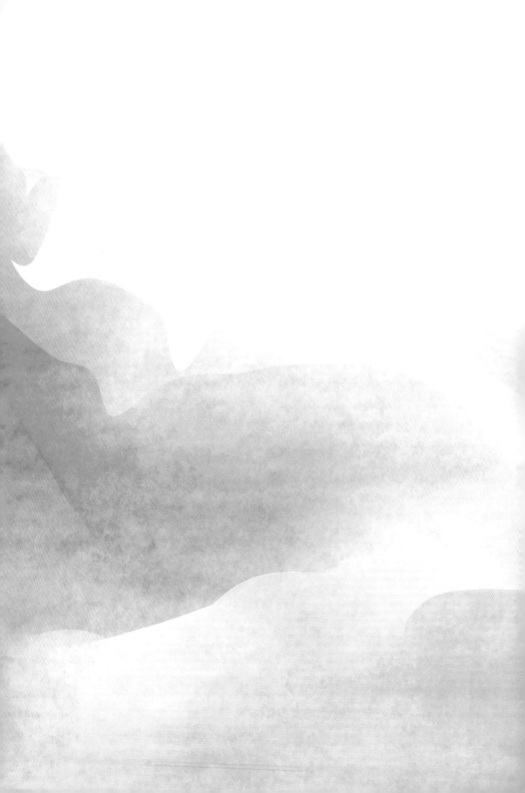

MONTH

12

....

....

....

....

● 如果妳能預知未來，妳想預知嗎？想，還是不想？怎麼說？

....

....

....

....

● 假如出現一個精靈，讓妳許三個願望，妳會許什麼願望？

....

....

....

....

....

● 假如妳能和已經過世的人交談，妳想和誰交談？想和他們談些什麼呢？

....

....

....

....

....

媽咪

● 如果妳能預知未來，妳想預知嗎？想，還是不想？怎麼說？

....

....

....

....

● 假如出現一個精靈，讓妳許三個願望，妳會許什麼願望？

....

....

....

....

● 假如妳能和已經過世的人交談，妳想和誰交談？想和他們談些什麼呢？

....

....

....

....

....

女兒

● 假如妳能選擇變得超級聰明或超級有人氣，妳會選哪一種呢？為什麼？

媽咪

● 假如妳能選擇變得超級聰明或超級有人氣，妳會選哪一種呢？為什麼？

女兒

● 聊聊妳以前必須當領袖時的經驗吧!當時是什麼情形?妳必須領導的人是誰?別人都乖乖聽妳的話嗎?關於領導,妳有什麼心得?

媽咪

● 聊聊妳以前必須主導大局的經驗吧！妳喜歡扮演這樣的角色嗎？別人都願意由妳當領袖嗎？妳從主導別人的那次經驗，學到了什麼呢？

女兒

● 我對＿＿＿＿＿＿＿＿＿＿＿＿＿＿＿＿＿＿＿＿＿很沒安全感，因為：

．．

．．

．．

．．

● 我上次哭的時候是＿＿＿＿＿＿＿＿＿＿＿＿＿＿＿＿＿＿＿＿，原因是：

．．

．．

．．

．．

● 我上次發脾氣的時候是＿＿＿＿＿＿＿＿＿＿＿＿＿＿＿＿＿＿＿＿＿，
原因是：

．．

．．

．．

．．

．．

媽咪

- 我對＿＿＿＿＿＿＿＿＿＿＿＿＿＿＿＿＿＿＿＿＿＿＿很沒安全感，因為：

....

....

....

....

- 我上次哭的時候是＿＿＿＿＿＿＿＿＿＿＿＿＿＿＿＿＿＿＿＿，原因是：

....

....

....

....

- 我上次發脾氣的時候是＿＿＿＿＿＿＿＿＿＿＿＿＿＿＿＿＿＿＿，
  原因是：

....

....

....

....

....

女兒

- 對我來說，「女力」意味著：

....

....

....

....

....

....

....

- 妳關於女力所寫的內容，我的想法是：

....

....

....

....

....

....

....

媽咪

● 對我來說，「女力」意味著：

_____

_____

_____

_____

_____

_____

_____

● 妳關於女力所寫的內容，我的想法是：

_____

_____

_____

_____

_____

_____

_____

_____

女兒

隨意寫寫

媽咪

隨意寫寫

女兒

回顧這一年

~~~~·>>>·~~~~

妳們成功了！妳們一起寫日記的這一年，到這裡告
一段落。妳們倆用十二個月的時間，越來越認識彼
此了。雖然有時候妳們在溝通對話上，可能不是那
麼容易，但妳們也一起經歷了很多歡笑，對彼此的
認識，比以前又多了好多。

這下日記完成了，還有什麼事好做呢？繼續問問題
吧！繼續對彼此懷有好奇心吧！多聊聊，多傾聽。

人生中能有一個特別的人，因為很關心妳，而想要
了解所有妳喜歡的事、不喜歡的事、各種夢想和希
望，並和妳分享她的這些事，實在是一件很棒的
事。千萬別忘了這是很大的福氣。我知道我女兒和
我永遠會珍惜這份福氣。

和我媽媽一起寫日記，是一件最棒的事情。
她更了解我，我也更了解她了，我好喜歡這樣。

——愛娃·萊麗，十歲

我們於_____年_____月_____日

完成了這本日記

來一張我們在這一年尾聲的圖畫或合照

1. 開始一起寫日記以前，我們對這件事的感覺是？

....

....

....

....

2. 完成了這本日記以後，我們最高興的是哪部分？

....

....

....

....

3. 我們認識了更多關於對方的事，其中最令我們驚奇的，是哪件事？

....

....

....

....

4. 交換日記的過程中，我們有哪些轉變？

....

....

....

....

5. 我們的相處方式，現在有什麼樣的不同？

....

....

....

....

6. 我們接下來還想要一起做什麼事？又該什麼時候開始呢？

....

....

....

....

Creative 155

媽咪和我的交換日記
從現在開始了解

作者—布蘭蒂‧萊麗 Brandi Riley
譯者—梁若瑜
插畫—強雅貞 Fion

出版者—大田出版有限公司
台北市一○四四五 中山北路二段二十六巷二號二樓
E-mail titan3@ms22.hinet.net http://www.titan3.com.tw
編輯部專線【(02) 2562-1383 傳真：(02) 2581-8761
【如果您對本書或本出版公司有任何意見，歡迎來電】

總編輯—莊培園
副總編輯—蔡鳳儀
行銷編輯—陳映璇/黃凱玉
行政編輯—林珈羽
校對—黃素芬‧黃薇霓
美術設計—王瓊瑤

初版—二○二一年一月一日 定價：三九○元

台總經銷—知己圖書股份有限公司
台北—一○六 台北市大安區辛亥路一段三十號九樓
TEL：02-23672044 / 23672047 FAX：02-23635741
台中—四○七台中市西屯區工業三十路一號一樓
TEL：04-23595819 FAX：04-23595493
E-mail—service@morningstar.com.tw
網路書店—http://www.morningstar.com.tw
讀者專線—04-23595819＃230
郵政劃撥—15060393（知己圖書股份有限公司）
印刷—上好印刷股份有限公司
國際書碼—978-986-179-611-6 CIP：544.1/109016392

① 填回函雙重禮
　 立即送購書優惠
② 抽獎小禮物

國家圖書館出版品預行編目資料

從現在開始了解：媽咪和我的交換日記
布蘭蒂‧萊麗著. 梁若瑜譯
臺北市：大田，民110.01
面； 公分. --（Creative；155）

ISBN 978-986-179-611-6（平裝）

544.1　　　　　　　　　109016392

Just us girls © 2019 Callisto Media
All rights reserved.
First published in English by Rockridge Press,
a Callisto Media Inc. imprint